Prix : **1 Franc**

RÉPUBLIQUE FRANÇAISE
Liberté — Egalité — Fraternité

LOI LOUCHEUR

TEXTES OFFICIELS ET COMPLETS
DE LA

Nouvelle Loi et Décrets

du 13 Juillet 1928 et du 20 Octobre 1928
ETABLISSANT UN

PROGRAMME de CONSTRUCTION

d'Habitations et de Logements à Bon Marché
EN VUE DE REMEDIER
A LA CRISE DE L'HABITATION

Les Nouveaux droits des Mutilés,

Anciens Combattants,

Veuves de Guerre, Blessés du Travail

POUR L'ACQUISITION, LA CONSTRUCTION
DE L'HABITATION
PAR DES PRETS CONSENTIS PAR L'ETAT

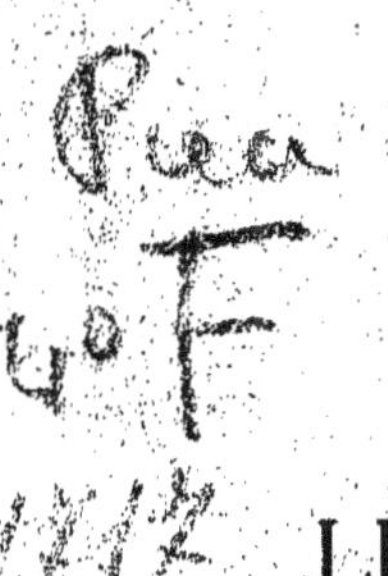

LIBRAIRIE HAYARD
8, Rue du Croissant, PARIS (2ᵉ)

LOI

établissant un

Programme de Construction d'Habitations à Bon Marché et de Logements

en vue de remédier à la crise de l'habitation

Le Président de la République promulgue la loi dont la teneur suit:

Le Sénat et la Chambre des députés ont adopté,

Art. 1er. — La présente loi a pour but, en vue de remédier à la crise du logement, d'établir un programme :

a) De construction et d'aménagement d'immeubles salubres, d'assainissement et de réparation des maisons existantes, dans les conditions prévues par la législation sur les habitations à bon marché ;

b) De construction d'habitations à loyers moyens,

à réaliser pendant les années 1928, 1929, 1930, 1931, 1932 et 1933, et de prescrire les mesures propres à assurer l'exécution de ce programme.

TITRE 1er

Habitations à bon marché

Art. 2. — Le programme des logements ou maisons individuelles à bon marché à réaliser, en vertu de la présente loi, est fixé à 200.000 logements ou maisons individuelles. Il sera déterminé, chaque année, par arrêté des ministres du travail et des finances, en conformité des crédits ouverts par la loi de finances, ou reportés en vertu de l'article 4 de la présente loi.

Les maisons individuelles et les logements prévus par la présente loi sont surtout destinés à devenir la propriété de personnes peu fortunées et notamment de travailleurs vivant principalement de leur salaire.

Le ministre du travail, de l'hygiène, de l'assistance et de la prévoyance sociales pourra échelonner la réalisation du programme fixé dans les conditions prévues aux paragraphes précédents, notamment pour tenir compte des ressources en main-d'œuvre et en matières premières, et éviter une spéculation sur les prix.

Les maisons qui font l'objet du présent article seront placées sous le régime des lois codifiées sur les habitations à bon marché et la petite propriété, des lois du 10 avril et du 15 juillet 1925, des articles 30 et 31 de la loi du 30 janvier 1926, de l'article 3 de la loi du 4 avril 1926, du paragraphe de l'article 214 de la loi de finances du 19 décembre 1926, de l'article 43 de la loi du 9 décembre 1927, de l'article 69 de la loi du 19 mars 1928, sous réserve des dispositions ci-après :

CHAPITRE 1er

Avances et prêts

Art. 3. — A partir du 1er août 1928, le taux des prêts qui seront consentis par l'Etat, en vertu de la loi du 5 décembre 1922 et de la présente loi, sera fixé à 2 %.

Ce taux sera applicable également aux réalisations que les organismes emprunteurs effectueront après le 1er août 1928 sur les prêts qui leur ont été consentis à d'autres taux.

Art. 4. — Le montant des avances aux offices publics, aux sociétés et fondations d'habitations à bon marché prévues par l'article 23 de la loi du 5 décembre 1922, modifiée par l'article 154 de la loi de finances du 27 décembre 1927, est porté à 1.142.506.600 francs.

Le montant des avances aux sociétés de crédit immobilier prévues par l'article 28 de la loi du 5 décembre 1922, modifiée par l'article 154 de la loi de finances du 27 décembre 1927, est porté à 1.222.244.950 francs.

Ce montant sera augmenté, pour chacune des années 1930, 1931, 1932, 1933, de 14 millions en ce qui concerne les avances de l'article 23, et de 210 millions en ce qui concerne les avances de l'article 28.

Le ministre des finances, en accord avec le ministre du travail, est autorisé à ocurer auprès de la caisse des dépôts et nsignations des crédits annuels en supplément de ceux qui sont prévus à l'alinéa précédent et à concurrence d'une somme gale, les avances de la caisse pouvant, par nséquent, atteindre, pour chacune des anes considérées, 280 et 420 millions de ancs, si ses disponibilités le lui permetnt.

Par dérogation aux articles 23 et 28 de loi du 5 décembre 1922, les intérêts apicables aux avances prévues par le présent ticle seront réglés trimestriellement au ux moyen du revenu ressortant de l'emble des placements de fonds effectués r la caisse des dépôts et consignations pour n propre compte et pour le compte de la isse nationale des retraites pour la vieilsse, de la caisse nationale d'assurance en s de décès, de la caisse nationale d'épargne des caisses d'épargne ordinaires pendant trimestre précédant la réalisation des êts, à l'exception des emplois à court me.

Les disponibilités restant sur le montant s avances d'une année déterminée pournt, sur décision du ministre des finances, ise en accord avec le ministre du travail, re reportées sur les années suivantes ou parties entre les divers bénéficiaires des ances de l'Etat, suivant les besoins qui révèleraient, sans tenir compte de la ntilation résultant des articles 23 et 28 la loi du 5 décembre 1922 et des alinéas 2, 3 et 4 du présent article.

Les avances consenties aux offices pucs, sociétés et fondations d'habitations à n marché, qui seront affectées à la consiction de maisons affectées à la construcn de maisons destinées à la vente, pournt, au jour du règlement du prix de ladite nte, être conservées par les offices, sociéou fondations emprunteurs, à concurice du montant des sommes non encore nboursées par eux à l'Etat, pourvu que sommes soient affectées, dans un délai six mois, à de nouvelles constructions, nplissant les conditions prévues à la préte loi.

Art. 5. — Les ressources destinées à npléter les avances nécessaires pour asrer l'exécution du programme visé à l'arle 2 de la présente loi, seront fournies au yen d'emprunts qui seront contractés par offices publics, les sociétés d'habitations bon marché, les sociétés de crédit immoier, les unions de ces collectivités, les ortements, les communes et, d'une façon nérale, par les organismes prévus aux tis II et III de la loi du 5 décembre 1922.

Les emprunts devront être, au préalable, torisés par le ministre du travail, de ygiène, de l'assistance et de la prévoyance iales, le ministre de l'intérieur et le nistre des finances, et leurs conditions ceptées par eux. Les titres seront amorsables dans un délai de vingt-cinq à quate ans.

L'Etat contribuera au payement de l'inté desdits emprunts, dans une mesure telle e les organismes émetteurs n'aient, en cun cas, à supporter — en sus des char d'amortissement et des frais de l'emnt — une charge d'intérêt supérieure 2 p. 100.

Art. 6. — En vue de contracter, par voie mission publique ou par tout autre procédé, des emprunts prévus à l'article 5 cidessus, les sociétés d'habitations à bon marché pourront, par décret rendu sur la proposition du ministre du travail, de l'hygiène, de l'assistance et de la prévoyance sociales, après avis du comité permanent du conseil supérieur des habitations à bon marché, être autorisées à se constituer en unions.

Un décret, rendu sur la proposition du ministre du travail, de l'hygiène, de l'assistance et de la prévoyance sociales, après avis du comité permanent du conseil supérieur des habitations à bon marché, pourra autoriser également les offices publics d'habitations à bon marché à constituer des unions, en vue de contracter par voie d'émission publique ou par tout autre procédé les emprunts prévus à l'article 5 ci-dessus.

Les emprunts émis par ces unions et leurs conditions de réalisation devront être autorisés par le ministre du travail, de l'hygiène, de l'assistance et de la prévoyance sociales, et le ministre des finances.

Les emprunts contractés par les unions de sociétés et les unions d'offices bénificieront des mêmes exonérations fiscales que ceux qui sont réalisés par les offices et sociétés.

Art. 7. — Les départements et les communes pourront ensemble ou séparément, sous réserve des autorisations prévues par les lois en vigueur, participer eux-mêmes, à concurrence d'un maximum de 1 1/2 %, au payement de l'intérêt et de l'amortissement, tant des avances de l'Etat prévues par l'article 4 ci-dessus, que des emprunts émis en vertu de l'article 5, sans que leur contribution puisse, en aucun cas, venir en atténuation de la contribution à la charge de l'Etat.

Les règles concernant l'ordre de priorité des constructions à réaliser seront déterminées par un décret rendu sur la proposition du ministre du travail, du ministre des finances et du ministre de l'agriculture, en tenant compte des besoins locaux.

Art. 8. — Le montant cumulé des prêts consentis par l'Etat aux organismes prévus par l'article 22 de la loi du 5 décembre 1922, c'est-à-dire aux offices publics, aux sociétés et aux fondations d'habitations à bon marché et des emprunts de ces organismes pour lesquels l'Etat, conformément à l'article 5 ci-dessus, supportera une partie de l'intérêt, ne pourra, quand le montant de ces prêts et emprunts sera affecté à la construction d'habitations destinées à la location simple, dépasser 80 p. 100 du prix de revient des immeubles.

Toutefois, cette proportion sera portée à 90 p. 100 lorsque le remboursement des prêts et emprunts sera garanti par un département ou une commune.

En aucun cas, le montant cumulé des subventions accordées en vertu de l'article 59 de la loi du 5 décembre 1922, des prêts et des emprunts ne pourra dépasser 90 p. 100.

Art. 9. — A partir du 1er janvier 1929, et par dérogation aux dispositions de l'article 27 de la loi du 5 décembre 1922, les sommes restant dues par une société de crédit immobilier ne pourront dépasser la somme calculée comme suit:

1° Cinq fois la moitié du capital restant à appeler;

2° Cinq fois le montant des rentes ou valeurs garanties par l'Etat appartenant à la société et déposées à la caisse des dépôts et consignations.

Toutefois, le pouvoir d'emprunt ainsi déterminé sera multiplié par 5 lorsqu'un département ou une commune aura garanti l'ensemble des emprunts de la société jusqu'à concurrence de 20 p. 1000 de leur montant, par 7,5 lorsque la garantie portera sur 30 p. 100 des emprunts et par 10 lorsqu'elle atteindra 40 p. 100.

En aucun cas, le pouvoir d'emprunt résultant des dispositions qui précèdent ne pourra être inférieur à celui dont bénéficiaient les sociétés en raison de leur situation au 1er janvier 1928.

Art. 10. — Les particuliers qui empruntent aux organismes prévus par le titre II et le titre III de la loi du 5 décembre 1922 les sommes nécessaires à l'acquisition ou à la construction des maisons individuelles et des logements à bon marché qu'ils occuperont seront, à partir de la promulgation de la présente loi, dispensés de l'apport personnel résultant des articles 22 et 45, 1o, de la loi du 5 décembre 1922, s'ils sont pensionnés de la loi du 31 mars 1919 ou invalides du travail et s'ils ont, les uns et les autres, un taux d'invalidité égal ou supérieur à 50 p. 100. Il en sera de même pour les veuves de guerre mères de famille non remariées, ainsi que pour les particuliers qui, lors de la conclusion du prêt, auront deux enfants de moins de dix-huit ans ou pupilles de la nation à leur charge. S'ils n'ont à cette époque qu'un enfant de moins de dix-huit ans ou pupille de la nation à leur charge, ils auront à effectuer un apport de 2.000 fr. ; s'ils n'ont aucun enfant de moins de dix-huit ans ou pupille de la nation à leur charge, cet apport sera porté à 4.000 fr.

Pour les pensionnés de la loi du 31 mars 1919 ou les invalides du travail ayant les uns et les autres un taux d'invalidité de 25 à 49 p. 100 inclus, les apports ci-dessus fixés sont réduits de moitié.

Sans préjudice des dispositions prévues aux deux premiers alinéas du préesnt article, l'apport sera réduit à 2.000 fr., si l'emprunteur est un artisan faisant construire une maison ou un logement dans une commune rurale, avec petit atelier annexe et installé pour l'exercice de sa profession dans ladite commune.

Le surplus des sommes nécessaires à l'acquisition ou à la construction de l'habitation sera avancé aux particuliers par les organismes visés au titre II et au titre III de la loi du 5 décembre 1922. déduction faite, s'il y a lieu, du montant de la subvention prévue au chapitre II ci-après.

CHAPITRE II

Subventions

Art. 11. — En sus des subventions prévues par les articles 58 et 59 de la loi du 5 décembre 1922. des subventions de l'Etat seront accordées, par l'entremise des organismes prévus aux titres II et III de la loi du 5 décembre 1922 aux particuliers construisant, pour les occuper avec leur famille, des habitations à bon marché, ainsi qu'aux offices et sociétés d'habitations à bon marché ou organismes construisant des maisons individuelles ou des logements destinés à être vendus ou attribués, dans un délai maximum de deux ans à dater de la décision ministérielle accordant la subvention, à des personnes peu fortunées, et notamment à des travailleurs vivant principalement de leur salaire. La vente par ces sociétés ou organismes devra être faite au prix de revient, frais généraux compris, duquel sera déduit, s'il y a lieu, le montant de la subvention accordée à l'organisme constructeur. Le remboursement de la subvention allouée à ces sociétés ou organismes sera obligatoire si vente ou l'attribution n'est pas faite dans le délai ci-dessus fixé, sauf décision contraire du ministre du travail, de l'hygiène, de l'assistance et de la prévoyance sociales après avis du comité de patronage des habitations à bon marché et de la prévoyance sociale.

Ces subventions nouvelles ne seront accordées que si les maisons sont affectées au logement de pensionnés de la loi du 31 mars 1919, ayant un taux d'invalidité égal ou supérieur à 60 p. 100, ou d'invalides du travail ayant le même taux d'invalidité, si elles doivent être occupées par des familles comprenant au moins trois enfants de moins de dix-huit ans, ou pupilles de la nation à leur charge. Elles sont fixées à 5.000 fr. pour un pensionné ou invalide du travail ayant l'un et l'autre 60 p. 100 d'invalidité et pour une famille comprenant trois enfants de moins de dix-huit ans ou pupilles de la nation, et sont augmentées de 2.500 fr. pour chaque invalidité supplémentaire de 10 p. 100 au-dessus de 60 p. 100 ou pour chaque enfant de moins de dix-huit ans ou pupille de la nation en sus de trois, sans pouvoir toutefois dépasser 15.000 fr., et sans qu'il puisse être fait état à la fois de l'invalidité et du nombre d'enfants pour le calcul de ces subventions.

Art. 12. — Le montant maximum des subventions que le ministre du travail, de l'hygiène, de l'assistance et de la prévoyance sociales est autorisé à accorder, dans les conditions fixées par l'article 295 de la loi de finances du 13 juillet 1925 et l'article 1 de la loi de finances du 27 décembre 192 est porté de 234 millions à 1 milliard 9 millions de francs. La différence s'élevant à la somme de 775 millions sera imputable, à concurrence de 750 millions, et à raison de 150 millions par an, sur les crédits de payement à ouvrir pour les exercices 1929 et suivants. En ce qui concerne les 25 millions constituant le surplus de l'engagement autorisé ci-dessus, il est dès maintenant ouvert par l'article 39 ci-après, un crédit supplémentaire sur l'exercice 1928, tant en vue du payement des subventions accordées en vertu de la présente loi qu'en vue du payement du reliquat des subventions accordées antérieurement, conformément à l'article 59 de la loi du 5 décembre 1922.

Sur le montant des subventions autorisé fixé par le premier alinéa du présent article, il sera prélevé une somme annuelle de 25 millions de francs pour l'attribution de subventions, dans les conditions prévues par l'article 59 de la loi du 5 décembre 1922, le complément étant affecté aux subventions nouvelles résultant de la présente loi. Les disponibilités restant sur le montant des subventions en fin d'année pourront être réparties suivant les besoins qui se seraient révélés, sans tenir compte de la ventilation ci-dessus établie.

CHAPITRE III.

Dispositions diverses

Art. 13. — Les maisons à bon marché et les logements construits à l'aide de subventions de l'Etat consenties antérieurement à la promulgation de la présente loi, pourront être cédés, par les organismes qui les ont construits, à des particuliers remplissant les conditions de l'article 11, deuxième alinéa, ci-dessus, sans que le prix de vente puisse dépasser le prix de revient de la maison, déduction faite de la part proportionnelle de la subvention reçue par ces organismes et dans la limite des chiffres prévus à l'article 11, deuxième alinéa. Le reliquat de la subvention précédemment attribuée, s'il y en a un, devra être employé à nouveau, dans le délai d'un an, à la construction d'habitations à bon marché, destinées à être vendues, ou reversé au Trésor en vue de son rattachement au crédit affecté aux subventions.

Art. 14. — Les offices publics d'habitations à bon marché sont autorisés à procéder à des locations-vente.

Art. 15. — Les habitations construites ou acquises par les bénéficiaires du titre Ier de la présente loi, à l'aide de subventions prévues à l'article 11 ne pourront, pendant vingt-cinq ans, être cédées qu'à des personnes remplissant les conditions de cet article pour l'attribution de la subvention et qu'après acceptation du cessionnaire par le comité de patronage des habitations à bon marché et de la prévoyance sociale.

Toute infraction à cette disposition donnera lieu au recouvrement par toutes voies de droit de la subvention ou de la partie de subvention qui se serait trouvée indûment employée.

Art. 16. — Les bénéficiaires du titre Ier de la présente loi qui achèteront des maisons individuelles ou des logements, pour les occuper personnellement, dans un délai maximum de deux ans après achèvement de leur construction ou dans le délai de deux ans après la promulgation de la présente loi pour les maisons construites avant cette promulgation, seront construites avant cette promulgation, seront exonérés du droit proportionnel de 12 p. 100 fixé par l'article 30 de la loi du 4 avril 1926.

Art. 17. — L'exemption temporaire de la contribution foncière et des taxes spéciales perçues au profit des départements et des communes établie par l'article 60 de la loi du 5 décembre 1922 et par l'article 31 de la loi du 1er avril 1926, est accordée, pour les constructions d'habitations à bon marché exécutées en vertu de la présente loi, qui seront terminées avant le 1er janvier 1935, pour une durée de quinze ans, à compter de l'année qui suivra celle de leur achèvement.

Art. 18. — Toute location partielle ou totale d'une maison individuelle ou d'un logement à bon marché acquis à l'aide d'une subvention de l'Etat sera interdite pendant une période de dix ans. Cette location ne pourra être autorisée, de façon tout à fait exceptionnelle, que par décision du comité de patronage des habitations à bon marché et de la prévoyance sociale.

En aucun cas, et jusqu'à la date de l'amortissement intégral des avances de l'Etat ou des emprunts ayant bénéficié de la contribution de l'Etat, le prix de location ne pourra être supérieur aux maxima fixés en vertu de l'article 2 de la loi du 5 décembre 1922.

Toute infraction aux clauses ci-dessus entraînerait le remboursement immédiat du montant de la subvention accordée.

CHAPITRE IV

Art. 19. — Les dispositions de la présente loi s'appliquent également à la construction, à l'acquisition d'immeubles déjà existants en vue de leur reconstitution, à l'aménagement, à la réparation et à l'assainissement des habitations destinées au logement des ouvriers agricoles et des propriétaires ou petits exploitant peu fortunés travaillant habituellement seuls ou avec un seul ouvrier et avec des membres de leur famille salariés ou non habitant avec eux, ainsi qu'aux logements avec atelier pour artisans. Le programme annuel de constructions rurales aura pour son exécution un droit de priorité sur le tiers des crédits affectés aux habitations à bon marché.

Afin d'assurer leur application dans toutes les communes des départements, au cas où il n'existerait pas d'office public, de société d'habitations à bon marché ou de société de crédit immobilier englobant dans leur circonscription l'ensemble des communes, et si, dans les trois mois qui suivront la promulgation de la présente loi, une société d'habitations à bon marché ou de crédit immobilier ne s'est pas constituée ou n'a pas étendu son ressort pour remplir condition, il sera obligatoirement constitué, dans les six mois qui suivront la promulgation de la présente loi, un office public départemental d'habitations à bon marché.

Dans le délai d'un an à partir de la promulgtion de la présente loi, les offices publics départementaux d'habitations à bon marché seront tenus d'établir une statistique des logements qu'il conviendrait de construire, d'aménager, de réparer et d'assainir, dans chaque commune de leur ressort.

Art. 20. — Le montant des prêts qui peuvent être consentis par les organismes prévus au titre II de la loi du 5 décembre 1922 pourra, à concurrence de 25.000 francs par local, être affecté aux grosses réparations, à l'aménagement et à l'assainissement de locaux existants destinés au logement des catégories déterminées dans l'article ci-dessus.

Dans le cas d'application du premier alinéa du présent article, il sera accordé des subventions aux personnes remplissant les conditions fixées à l'article 11, le montant de ces subventions étant réduit dans la proportion existant entre la valeur des réparations effectuées et la valeur totale de l'immeuble remis en état d'habitation.

Art. 21. — Les caisses régionales de crédit agricole mutuel régies par la loi du 5 août 1920 sont assimilées aux sociétés de crédit immobilier pour l'application des articles 19 et 20 ci-dessus.

Un décret rendu sur la proposition des ministre du travail, des finances et de l'agriculture déterminera les conditions d'application du présent article.

Art. 22. — Un délai de deux ans est accordé, à partir de la date de la promulgation de la présente loi, pour transformer en logements à bon marché, ou construire des habitations de même nature, aux sociétés ou organismes qui ont usé des dispositions de l'article 130, paragraphe 3, de la loi du 30 juin 1923, pour acquérir les immeubles militaires aliénés par l'administration des domaines. Passé ce délai, les établissements et terrains militaires non affectés à des habitations à bon marché devront être remis en vente dans les conditions fixées par la loi précitée, sans que les sociétés ou organismes puissent à nouveau exercer aucun droit de préemption ou de préférence.

TITRE II

Logements à loyers moyens

Art. 23. — Le programme des logements à loyers moyens à construire sous le régime des articles ci-après comporte 60.000 logements.

Le nombre desdits logements à construire chaque année sera fixé par arrêté des ministres du travail, de l'hygiène, de l'assistance et de la prévoyance sociales et des finances, d'après le montant des crédits mis à leur disposition. Ils pourront échelonner le programme ainsi établi de façon à tenir compte des ressources en main-d'œuvre et matières premières et à éviter toute spéculation sur les prix.

Art. 24. — Les offices publics d'habitation à bon marché et les sociétés d'habitation à bon marché peuvent être autorisés, par décision du ministre du travail, de l'hygiène, de l'assistance et de la prévoyance sociales, à construire des immeubles à loyers moyens.

Les communes et les départements sont autorisés à garantir, dans les conditions prévues par l'article 42 de la loi du 5 décembre 1922, l'intérêt et l'amortissement des emprunts contractés par ces organismes, en vue de la construction de logements à loyers moyens.

Art. 25. — Les sociétés de crédit immobilier sont autorisées à consentir des prêts hypothécaires en vue de l'acquisition ou de la construction d'immeubles à loyers moyens.

Un décret rendu sur la proposition du ministre du travail, de l'hygiène, de l'assistance et de la prévoyance sociales et du ministre de finances déterminera les conditions d'application du présent article.

Un décret rendu sur la proposition du ministre du travail, de l'hygiène, de l'assistance et de la prévoyance sociales, après avis du comité permanent du conseil supérieur des habitations à bon marché, pourra autoriser les sociétés de crédit immobilier à constituer des unions en vue de réunir, par voie d'émission publique, ou par tout autre procédé, les capitaux leur permettant de réaliser les opérations prévues par la présente loi.

Art. 26. — Les particuliers, collectivités ou organismes constructeurs ne pourront bénéficier de la contribution de l'Etat à la dépense de construction que s'ils font un apport personnel représentant 20 p. 100 au moins du prix de revient de l'immeuble.

Les particuliers devront, en outre, obligatoirement passer par l'intermédiaire de l'un des organismes prévus par les titres II et III de la loi du 5 décembre 1922 pour profiter des avantages prévus au paragraphe précédent.

La valeur locative des logements à loyers moyens devra être limitée à 3,6 fois les maxima déterminés pour les habitations à bon marché, et le prix de revient ne devra pas dépasser 1,75 fois les maxima fixés pour les mêmes habitations dans l'article 2 de la loi du 5 décembre 1922, ces maxima étant augmentés d'un cinquième par pièce supplémentaire de 9 mètres superficiels au au moins et au delà de trois pièces.

Art. 27. — A concurrence de 40 p. 100 du prix de revient des immeubles, la dépense de construction des logements à loyers moyens pourra être couverte par des prêts consentis par l'Etat.

Ces prêts seront effectués au taux de 4 p. 100. La durée de leur remboursement ne pourra excéder quarante ans, mais ce remboursement pourra n'être prévu qu'à partir de la vingtième année pour être achevé à la fin de la quarantième année suivant celle de la conclusion du prêt. Il pourra être effectué par anticipation.

La créance de l'Etat sera garantie par l'inscription d'un hypothèque de premier rang, à concurrence d'une somme égale.

Art. 28. — Le montant des avances consenties en vertu de l'article 27 ci-dessus est fixé, pour 1928 et 1929, à 300 millions de sera affectée aux avances de chacune des années 1930, 1931, 1932, 1933.

Le ministre des finances est autorisé par la présente loi à se procurer, dans les limites fixées par le premier alinéa du présent article, les fonds nécessaires auprès de la caisse des dépôts et consignations, qui pourra prélever les avances au Trésor, soit sur les fonds de ses comptes propres, soit sur ceux des comptes dont elle a la gestion, le taux d'intérêt de ces avances étant fixé dans les conditions prévues à l'article 4, cinquième alinéa, de la présente loi.

Art. 29. — Dans le cas où le constructeur emprunterait directement ou prélèverait sur ses ressources les fonds nécessaires pour couvrir sur la dépense totale les 40 p. 100 dont il aurait pu demander l'avance à l'Etat, dans les conditions prévues à l'article 27, il pourra solliciter une contribution de l'Etat au service de l'intérêt et de l'amortissement de ces fonds, contribution pouvant atteindre 2 p. 100 par an pendant 40 ans au maximum.

Art. 30. — Pour les 40 p. 100 constituant le surplus de la dépense engagée, les départements et les communes pourront, sous réserve des autorisations prévues par les lois en vigueur, contribuer, pendant une durée de 20 à 40 ans, au moyen de versements annuels, au service de l'intérêt et de l'amortissement des fonds sans que leur contribution puisse dépasser 3 p. 100.

Toutefois s'il a été nécessaire de contracter des emprunts par voie d'émission publique ou autrement pour se procurer les fonds, l'Etat pourra participer aux charges annuelles, à concurrence de 1.25 p. 100 du capital emprunté.

Art. 31. — En application des articles 29 et 30 ci-dessus, le ministre du travail est autorisé à engager une somme annuelle de 5 millions, payable pendant quarante années.

Art. 32. — Les immeubles édifiés sous le bénéfice des articles 23 à 31 de la présente loi sont soumis aux prescriptions de l'article 60 de la loi du 5 décembre 1922, concernant la salubrité des logements et le maintien des prix maxima fixés par le barème de la loi de 1922, modifié par l'article 26 de la présente loi.

Ces immeubles ne pourront être vendus à d'autres propriétaires que si les offices publics d'habitations à bon marché ou les sociétés coopératives d'habitations à bon marché ont été appelés à exercer un droit de préemption.

Art. 33. — Pour les logements à loyers moyens construits en vertu de la présente loi, l'exemption temporaire de la contribution foncière et des taxes spéciales perçues au profit des départements et communes, établie par l'article 31 de la loi du 1er janvier 1935.

Art. 34. — Un décret pris sur la proposition du ministre du travail, de l'hygiène, de l'assistance et de la prévoyance sociales, du ministre des finances et du ministre de l'agriculture, après avis du comité permanent du conseil supérieur des habitations à bon marché, fixera les garanties à exiger des organismes ou particuliers constructeurs qui bénéficieront du concours financier de l'Etat ou des départements et communes, notamment au point de vue du prix des loyers, et les mesures de contrôle auxquelles ils seront soumis. Ce décret précisera les règles concernant l'ordre de priorité des constructions à réaliser en tenant compte des besoins locaux.

TITRE III

Prestations en nature

Art. 35. — En vue de permettre l'application au présent programme des prestations en nature, à fournir par l'Allemagne, en exécution du traité de paix, les dispositions de la loi du 24 mars 1928 sont applicables aux travaux prévus par la présente loi.

Les décrets accordant les exonérations totales ou partielles des droits de douane aux produits originaires ou importés d'Allemagne seront rendus conformément aux dispositions de l'article 3 de la loi susvisée. Ces décrets devront préciser les mesures de contrôle à appliquer en vue de s'assurer que les matériaux faisant l'objet des prestations sont affectés aux constructions susindiquées.

Art. 36. — L'Etat pourra, dans des conditions à déterminer d'accord entre le ministre des finances et le ministre du travail, de l'hygiène, de l'assistance et de la prévoyance sociales, obliger les organismes et particuliers constructeurs d'habitations à bon marché, ou de logements à loyers moyens, à accepter le payement de sa contribution à la dépense de construction sous forme de prélèvements sur les prestations en nature qui lui sont dues par l'Allemagne. La valeur des prestations en nature mises ainsi à la disposition des constructeurs sera imputée sur le montant des avances et subventions prévu par les articles 4, 12 et 28 ci-dessus.

TITRE IV

Dispositions complémentaires

Art. 37. — Le droit de mutation à titre onéreux de biens immeubles, dont le tarif est fixé par les articles 30 (1°) de la loi du 4 avril 1926 et 42 de la loi du 13 juillet 1925, est réduit de moitié pour les acquisitions de terrains, à la condition : 1° que l'acte constatant l'acquisition soit enregistré avant le 1er juillet 1931 ; 2° qu'il contienne la déclaration que le terrain est destiné à la construction de maisons d'habitation répondant aux prescriptions de la présente loi ; 3° que les maisons soient construites avant l'expiration d'un délai de 2 ans, à compter de la date de d'acte.

Dans le mois qui suit l'expiration de ce délai de deux années, les parties justifient, par un certificat du maire de la commune de la situation, que la construction satisfait aux conditions prévues par la présente loi, qu'elle est complètement terminée et en état d'être habitée. A défaut de cette justification, elles sont tenues solidairement d'acquitter, à première réquisition, le complément de droit de mutation et, en outre, un droit supplémentaire de 2 p. 100 sans décimes.

Art. 38. — Dans les adjudications ou concours ouverts pour l'application de la présente loi, il devra être fait appel obligatoirement aux offres des sociétés coopératives ouvrières de production de la profession intéressée. Lorsque ces adjudications ou concours comprendront plusieurs lots de même nature, le quart de ces lots devra être obligatoirement réservé aux sociétés coopératives ouvrières de production si elles le sollicitent, et au prix moyen de ceux des différents lots adjugés.

Les cahiers des charges des adjudications ou concours devront comprendre, outre les stipulations prévues par le décret du 10 août 1899, une clause par laquelle l'entrepreneur s'engagera, s'il est amené à passer des contrats portant sur la main-d'œuvre des travaux à exécuter, à donner la préférence pour ces contrats, à des associations ouvrières, dans les limites et conditions qui seront fixées par le cahier des charges.

Toutefois, les sociétés coopératives ouvrières visées aux deux alinéas précédents ne pourront prétendre au bénéfice des dispositions prévues que si elles figurent sur une liste dressée par le ministre du travail, de l'hygiène, de l'assistance et de la prévoyance sociales.

Art. 39. — En exécution de l'article 12 ci-dessus, il est ouvert, en addition au crédit de 48.200.000 fr., prévu au chapitre 147 du budget du ministère du travail pour 1928, un crédit supplémentaire de 25 millions de francs.

Art. 40. — Les comités de patronage prévus à l'article 75 de la loi du 5 décembre 1922, devront être obligatoirement consultés sur le projet de règlement qui doit indiquer les conditions que devront remplir les constructions placées sous le régime de la présente loi.

Ils s'assureront, par un contrôle sur place, de la construction, que ces conditions sont remplies avant de délivrer le certificat de salubrité prévu par l'article 3 de la loi du 5 décembre 1922.

Art. 41. — Dans tous les immeubles construits au moyen des crédits ouverts par la présente loi, il est formellement interdit de louer ou sous-louer en meublé, sous quelque forme que ce soit, sous peine des sanctions prévues par l'article 2 de la loi du 20 juillet 1924, sans qu'il soit dérogé aux dispositions du dernier alinéa de la loi du 5 décembre 1922.

En appliquant ces sanctions, le tribunal devra déclarer les contrevenants déchus de tous les avantages ou bénéfices concédés par la présente loi.

Toutefois, cette disposition n'est pas applicable aux œuvres purement philanthropiques, entreprises par les organismes visés par les titres II et III de la loi du 5 décembre 1922, telles que cités universitaires, maisons des étudiants, foyers d'infirmières, etc., dès lors que les organismes qui les ont fondés et qui assurent leur fonctionnement ne poursuivent aucun but de lucre.

L'interdiction de vendre des boissons alcooliques prévue pour les offices publics d'habitations à bon marché au troisième alinéa de l'article 8 de la loi du 5 décembre 1922 est étendue aux immeubles construits ou acquis en vertu de la présente loi. Il est également interdit d'y créer des débits de boisson.

Art. 42. — Les dispositions de la présente loi sont applicables à l'Algérie.

Art. 43. — Chaque année, le ministre du travail, de l'hygiène, de l'assistance et de la prévoyance sociales présentera aux Chambres un rapport sur l'exécution de la présente loi.

La présente loi, délibérée et adoptée par le Sénat et par la Chambre des députés, sera exécutée comme loi de l'Etat.

Fait à Paris, le 13 juillet 1928.

Par le Président de la République:
Gaston DOUMERGUE.

Le Président du Conseil,
Ministre des Finances,
Raymond POINCARÉ.

Le Ministre du travail, de l'hygiène, de l'assistance et de la prévoyance sociales,
Louis LOUCHEUR.

Le Ministre de l'intérieur,
Albert SARRAUT.

Le Ministre de l'agriculture,
Henri QUEUILLE.

Le Ministre du commerce et de l'industrie,
Maurice BOKANOWSKI.

Ministère du Travail, de l'Hygiène, de l'Assistance et de la Prévoyance Sociales

PROGRAMME

DE

Construction d'Habitations à Bon Marché

et de Logements

en vue de remédier à la crise de l'habitation

Application des articles 25 et 34 de la loi du 13 juillet 1928 concernant les logements à loyers moyens.

Le Président de la République française,

Sur la proposition du ministre du travail, de l'hygiène, de l'assistance et de la prévoyance sociales, du président du conseil, ministre des finances, et du ministre de l'agriculture.

Vu la loi du 5 décembre 1922 portant codification des lois sur les habitations à bon marché et la petite propriété et les lois qui l'ont modifiée ;

Vu la loi du 13 juillet 1928 et notamment ses articles 25 et 34 ;

Vu les règlements d'administration publique rendus pour l'application des lois codifiées ;

Vu le décret du 15 février 1923 ;

Vu le règlement d'administration publique du 18 septembre 1926, modifié le 8 septembre 1928 ;

Vu l'avis du comité permanent du conseil supérieur des habitations à bon marché,

Décrète :

Art. 1er. — Sous réserve des dispositions spéciales contenues dans les conventions diplomatiques, les avantages prévus par le titre II de la loi du 13 juillet 1923 en ce qui concerne le concours financier de l'Etat et des départements ou communes sont réservées aux personnes de nationalité française.

CHAPITRE Ier

Conditions générales

Art. 2. — Les logements à loyers moyens doivent comporter l'eau, le gaz et l'électricité. Des contrats de prêts détermineront, le cas échéant, les caractéristiques que ces logements devront présenter au point de vue du confort. Ils devront remplir, en outre, au point de vue de la salubrité, les mêmes conditions que les habitations à bon marché.

Art. 3. — Pour bénéficier des avantages de la loi, ces logements devront répondre aux conditions ci-après en ce qui concerne la superficie :

La surface des pièces habitables ne devra jamais être inférieure à 9 mètres carrés.

La superficie totale du logement entre murs et cloisons devra être d'au moins :

46 mètres carrés pour les logements de 2 pièces avec cuisine et w.-c.

58 mètres carrés pour les logements de 3 pièces avec cuisine et w.-c.

70 mètres carrés pour les logements de 4 pièces avec cuisine et w.-c.

Et ainsi de suite en augmentant de 12 mètres carrés par pièce supplémentaire.

La surface des couloirs et des w.-c ne pourra dépasser 15 p. 100 des superficies ci-dessus indiquées.

Il pourra être fait exception à l'application du présent article et de l'article 2 par décision du ministre du travail, après avis du comité permanent du conseil supérieur des habitations à bon marché.

Art. 4. — Les immeubles devront être affectés exclusivement à l'habitation. Toutefois, dans les maisons collectives, cette affectation ne sera obligatoire que pour les locaux situés au-dessus du rez-de-chaussée, mais les exonérations d'impôts prévues par l'article 33 de la loi du 13 juillet 1928 s'appliqueront seulement aux parties de l'immeuble réellement affectées à l'habitation.

CHAPITRE II

Avances de l'Etat

Art. 5. — Les départements, les communes, les offices publics et sociétés d'habitations à bon marché qui font appel aux avances de d'Etat pour la construction de logements à loyers moyens devront justifier de ressources suffisantes pour couvrir le montant de l'apport personnel minimum exigé par l'article 26 de la loi du 13 juillet 1928.

Art. 6. — L'avance de l'Etat ne sera accordée qu'autant qu'il ressortira des documents financiers présentés que le revenu net de l'apport personnel, résultant du prix des loyers, n'excède pas de plus de 1 p. 100 le maximum fixé pour l'intérêt à servir aux actionnaires des sociétés d'habitations à bon marché.

Art. 7. — Il devra être justifié que la

construction est confiée à des hommes de d'art, architectes ou entrepreneurs, ayant contracté une assurance de responsabilité décennale auprès d'une société de solvabilité notoire.

Art. 8. — Les organismes et collectivités qui sollicitent des avances de l'Etat doivent adresser leurs demandes au directeur général de la caisse des dépôts et consignations, en y joignant tous documents permettant de se rendre compte des conditions de l'opération et notamment :

1° En ce qui concerne les offices publics et les sociétés d'habitations à bon marché, les pièces, certifiées conformes par le président, prévues à l'article 16 du décret du 21 mars 1921 ;

2° En ce qui concerne les départements et les communes, les pièces visées à l'article premier du décret du 15 février 1923.

Les plans et devis doivent être produits en deux exemplaires.

Aux documents susvisés sont obligatoirement joints l'avis du comité de patronage des habitations à bon marché et de la prévoyance sociale et la justification qu'il est satisfait aux prescriptions de l'article 7 du présent décret.

Dès réception du dossier, la caisse des dépôts et consignations transmet au ministère du travail un exemplaire des plans et devis pour être soumis à l'examen technique du comité permanent du conseil supérieur des habitations à bon marché.

Lorsque cet examen est terminé, le dossier de l'affaire est soumis à la commission spéciale instituée par l'article 9 du présent décret.

Art. 9. — Les avances sont effectuées, pour le compte de l'Etat, par la caisse des dépôts et consignations, sur la désignation d'une commission nommée par décret pour une durée de cinq ans, et après approbation de la décision de cette commission par le ministre du travail.

La commission est composée de 20 membres ainsi qu'il suit :

Le ministre du travail, président.

Deux sénateurs.

Deux députés.

Un membre du conseil d'Etat.

Un membre de la cour des comptes.

Deux fonctionnaires du ministère des finances.

Le directeur général de la caisse des dépôts et consignations ou son délégué.

Le directeur de l'administration générale, de la mutualité et de la prévoyance sociale ou son délégué.

Un représentant du conseil national économique.

Un représentant des offices publics d'habitations à bon marché.

Un représentant des sociétés d'habitations à bon marché.

Un représentant des sociétés de crédit immobilier.

Un membre du conseil supérieur des habitations à bon marché.

Trois personnes particulièrement compétentes en matières de constructions urbaines.

Le décret désigne le vice-président de la commission, ainsi qu'un chef ou sous-chef de bureau du ministère du travail qui remplit les fonctions de secrétaire.

Art. 10. — Les avances sont constatées par un contrat, qui stipule, notamment, les conditions de réalisation et de remboursement, et qui est établi par la caisse des dépôts et consignations, suivant les règles générales fixées par les décrets des 21 mars 1921 et 15 février 1923, relatifs aux avances consenties, en matière d'habitations à bon marché, aux offices et sociétés d'habitations à bon marché, ainsi qu'aux communes.

Art. 11. — Ces contrats pourront contenir des clauses réservant, dans certains cas et sous certaines conditions, une proportion des logements aux fonctionnaires civils ou militaires, ainsi que toutes autres clauses relatives au confort des habitations ou à leur aménagement.

Art. 12. — Les emprunteurs devront également s'engager pendant toute la durée du remboursement, telle qu'elle est fixée dans le contrat initial, et nonobstant tous remboursements anticipés, à ne pas augmenter le prix des loyers, tels qu'ils ont été prévus dans la note financière accompagnant la demande d'avance, sous une autorisation expresse du ministre du travail, donnée après avis du comité permanent du conseil supérieur des habitations à bon marché et de la commission d'attribution des prêts, les loyers ne pouvant en aucun cas excéder les maxima fixés au troisième alinéa de l'article 26 de la loi du 13 juillet 1928.

Pendant la même période, en cas de cession d'un immeuble ou d'une partie d'immeuble, et sous réserve de l'exercice du droit de préemption prévu à l'article 26 ci-après, le bénéfice des avances ne sera maintenu au cessionnaire que si celui-ci souscrit l'engagement prévu à l'alinéa précédent et est agréé par une autorisation expresse du ministre du travail, après avis du comité permanent du conseil supérieur des habitations à bon marché et de la commission d'attribution des prêts.

L'emprunteur devra s'engager également, pendant toute la période visée ci-dessus, à céder l'immeuble, s'il est fait usage du droit de préemption déterminé par l'article 26, à un prix n'excédant pas de plus de 10 p. 100 le prix de revient, augmenté des frais et loyaux coûts du prêt, des grosses réparations nécessaires effectuées, et de celles qui ont augmenté la valeur du fonds dans une proportion fixée par expertise.

Art. 13. — Le remboursement du capital restant dû devient de plein droit exigible :

A. — Sans mise en demeure préalable :

1° En cas de retrait, soit de l'approbation ministérielle prévue par la législation sur les habitations à bon marché, soit de l'autorisation prévue par l'article 24 de la loi du 13 juillet 1928 ;

2° En cas de dissolution de l'organisme emprunteur, à moins d'acceptation d'un nouvel organisme débiteur.

B. — Un mois après mise en demeure :

1° En cas de violation des prescriptions de la loi susvisée ou du présent décret ;

2° A défaut de payement des annuités dans un délai d'un an.

Art. 14. — Dans les cas où l'exigibilité du capital restant dû résulterait d'une violation des clauses de la convention ou des dispositions du décret ayant pour but de faire perdre aux logements leur caractère de logements à loyers moyens, l'emprunteur, en sus des sommes restant dues, devrait payer une indemnité calculée sur les sommes avancées depuis le jour de la réalisation de l'avance, à raison de 5 p. 100 par an pour les 5 premières années et 2 p. 100 par an pour les années ultérieures.

CHAPITRE III
Opérations des sociétés de crédit immobilier

Art. 15. — Les sociétés de crédit immobilier qui désireront consentir des prêts hypothécaires en vue de l'acquisition ou de la construction d'immeubles à loyers moyens devront y être habilitées expressément par leurs statuts.

Art. 16. — Il n'est consenti d'avances aux sociétés de crédit immobilier pour les opérations prévues à l'article 25 de la loi du 13 juillet 1928 qu'au profit de bénéficiaires nominativement désignés dans la demande.

Art. 17. — Les sociétés de crédit immobilier qui sollicitent des avances pour lesdites opérations doivent adresser leurs demandes au directeur général de la caisse des dépôts et consignations, avec les pièces énumérées à l'article 14 du décret du 24 août 1908 modifié par le décret du 17 août 1912 qui n'auraient pas déjà été adressées à la caisse des dépôts et consignations.

La note prévue sous le n° 6 dudit article devra mentionner les qualités des particuliers bénéficiaires du prêt et l'équilibre financier de l'opération qu'ils envisagent ; elle devra être accompagnée des plans et des devis descriptifs et estimatifs de chaque immeuble, en double exemplaire, ainsi que de l'avis du comité de patronage des habitations à bon marché et de la prévoyance sociale et de la justification qu'il est satisfait aux prescriptions de l'article 7 ci-dessus.

La demande est instruite conformément aux deux derniers alinéas de l'article 8.

Art. 18. — Le taux des avances consenties par les sociétés de crédit immobilier aux particuliers ne peut excéder 4.50 p. 100. Ce taux pourra être porté à 4.75 p. 100 par décision du ministre, après avis du comité permanent du conseil supérieur des habitations à bon marché et de la commission d'attribution des prêts instituée par le présent décret pour les sociétés qui ne couvriraient pas leurs frais généraux.

Art. 19. — Les particuliers, qui empruntent à une société de crédit immobilier pour la construction d'une maison individuelle ou d'un logement à loyer moyen destiné à leur habitation personnelle ou à celle de leur famille, devront contracter une assurance temporaire auprès de la caisse nationale d'assurance en cas de décès en vue de garantir le remboursement du prêt qu'ils auront obtenu.

L'assurance sera contractée, après examen médical du proposant et acceptation du risque par la caisse nationale au moyen d'une prime unique dont le montant pourra être incorporé au prêt. L'assurance sera soumise à toutes les conditions prévues en matière d'habitations à bon marché.

Art. 20. — Pour les prêts consentis aux particuliers en vue de la construction d'une maison ou d'un logement à loyer moyen destiné à leur habitation et à celle de leur famille, la durée de remboursement sera calculée de manière à ne reporter aucun payement d'annuité après l'âge de 65 ans.

Art. 21. — Pour les prêts consentis aux particuliers en vue de la construction d'immeubles à loyers moyens destinés à la location simple, les contrats à intervenir entre la société de crédit immobilier et les emprunteurs devront être établis en tenant compte des dispositions visées aux articles 11 à 14 inclus du présent décret.

Art. 22. — Aucun versement ne pourra être effectué par les sociétés de crédit immobilier aux bénéficiaires des prêts avant l'accomplissement des formalités hypothécaires.

La caisse des dépôts et consignations pourra à toute époque se faire subroger dans le bénéfice de l'inscription hypothécaire.

CHAPITRE IV
Contribution de l'Etat et des départements ou communes

Art. 23. — Les demandes de contribution de l'Etat présentées en vertu des articles 29 et 30 de la loi du 13 juillet 1928 par les organismes, collectivités et particuliers sont instruites dans les mêmes conditions que les demandes d'avances.

Toutefois, elles ne sont pas soumises à la commission spéciale visée par l'article 9 du présent décret.

Le ministre du travail se prononce sur ces demandes après avis du comité permanent et d'accord avec le ministre des finances.

Le bénéfice de la contribution sera subordonné aux conditions imposées pour les avances, tant par la loi du 13 juillet 1928 que par le présent décret, notamment par les articles 12 et 13 ci-dessus et, s'il y a lieu, par l'article 11.

Art. 24. — Les demandes formées par les particuliers sont transmises obligatoirement par un des organismes prévus aux titres II et III de la loi du 3 décembre 1922. Ces demandes, accompagnées de plans, devis, note financière et tous documents réglementaires, feront l'objet d'instructions et de décisions individuelles dans les conditions de l'article précédent.

Art. 25. — La contribution cessera de jouer dans tous les cas qui justifieraient l'exigibilité immédiate des avances, ainsi qu'il est prévu plus haut.

Dans les cas prévus par l'article 14, les intéressés devront restituer les sommes antérieurement reçues au titre de ladite contribution.

La perte de la contribution de l'Etat entraîne de plein droit celle de la contribution des départements ou communes visée par l'article 30 de la loi du 13 juillet 1928.

CHAPITRE V
Dispositions spéciales

Art. 26. — Lorsque le propriétaire d'un immeuble édifié sous le bénéfice des articles 23 à 31 de la loi du 13 juillet 1928, est en instance de vente pendant toute la durée du remboursement de l'avance telle qu'elle est fixée dans le contrat initial et nonobstant tout remboursement anticipé, ainsi que pendant toute la durée de la contribution visée au chapitre IV, il doit en aviser le préfet, par lettre recommandée, en indiquant le prix offert.

Le préfet, au plus tard dans les huit jours de la réception de cette lettre, en saisit les offices publics et les sociétés coopératives d'habitations à bon marché de son département en les invitant à faire connaître, dans un délai d'un mois, s'ils entendent se prévaloir du droit de préemption prévu à l'article 32 de la loi susvisée.

Si, à l'expiration de ce délai, aucune demande de préemption ne lui est parvenue, ou si les organismes intéressés ont manifesté leur intention de ne pas se prévaloir de leur droit, le préfet en avise le propriétaire par lettre recommandée.

Si plusieurs demandes de préemption se produisent, la préférence est donnée à la demande de l'office public sur celle de la société coopérative. Au cas de concurrence de plusieurs offices ou de plusieurs sociétés, la question est soumise par le préfet au comité de patronage, qui désigne l'office ou la société qui pourra exercer la préemption.

Le préfet fait connaître, aussitôt que possible, au propriétaire, par lettre recommandée, l'office ou la société qui exerce le droit de préemption.

Dans tous les cas, si, à l'expiration des deux mois suivant l'avis qu'il a adressé au préfet, le propriétaire n'a pas reçu de ce dernier la lettre recommandée visée ci-dessus, il recouvre son entière liberté et peut procéder à la cession, sous réserve des dispositions du deuxième alinéa de l'article 12 ci-dessus.

Art. 27. — L'ordre de priorité des constructions à réaliser est déterminé d'après les règles fixées par l'article 2, paragraphe 3°, 4°, 5° et par les articles du décret relatif à la priorité en matière d'habitations à bon marché prévu par l'article 7 de la loi du 13 juillet 1928.

Art. 28. — Les collectivités et organismes, qui bénéficient des articles 23 à 31 de la loi, doivent consacrer à leurs opérations concernant les logements à loyers moyens une section spéciale de leur comptabilité.

Le contrôle de ces collectivités et organismes, ainsi que des particuliers autres que ceux qui construisent pour leur habitation personnelle est exercé, pour ce qui concerne les logements construits sous le régime du titre II de la loi du 13 juillet 1928, dans les conditions de l'article 34 de la loi du 5 décembre 1922 modifié par les lois des 10 avril 1925 et 30 janvier 1926. Un arrêté, concerté entre les ministres du travail et des finances, précisera les conditions dans lesquelles s'exercera le contrôle sur les particuliers.

Art. 29 — Le ministre du travail, de l'hygiène, de l'assistance et de la prévoyance sociale, le ministre des finances et le ministre de l'agriculture sont chargés, chacun en ce qui le concerne, de l'exécution du présent décret, qui sera publié au « Journal officiel » de la République française et inséré au « Bulletin des lois ».

Fait à Paris, le 20 octobre 1928.

Gaston DOUMERGUE.

Par le Président de la République :
Le Président du Conseil,
Ministre des Finances,
Raymond POINCARÉ.

Le Ministre du travail, de l'hygiène, de l'assistance et de la prévoyance sociales,
Louis LOUCHEUR.

Le Ministre de l'agriculture,
Henri QUEUILLE.

Application de l'article 7 de la loi du 13 juillet 1928 concernant l'ordre de priorité des constructions à réaliser.

Le Président de la République française,

Sur la proposition du ministre du travail, de l'hygiène, de l'assistance et de la prévoyance sociales, du président du conseil, ministre des finances, et du ministre de l'agriculture,

Vu la loi du 5 décembre 1922, portant codification des lois sur les habitations à bon marché et la petite propriété et les lois qui l'ont modifiée ;

Vu la loi du 13 juillet 1928 et notamment son article 7 aux termes duquel « les règles concernant l'ordre de priorité des constructions à réaliser seront déterminées par un décret rendu sur la proposition du ministre du travail, du ministre des finances et du ministre de l'agriculture, en tenant compte des besoins locaux ;

Vu les règlements d'administration publique rendus pour l'application des lois codifiées ;

Vu l'avis du comité permanent du conseil supérieur des habitations à bon marché,

Décrète :

CHAPITRE 1er

Champ d'application de l'ordre de priorité des constructions

Art. 1er. — Les constructions d'habitations à bon marché dont l'ordre de priorité est réglé par le présent décret comprennent toutes celles prévues par le titre premier de la loi du 13 juillet 1928.

Art. 2. — L'ordre de priorité des constructions visées à l'article premier est déterminé en tenant compte :

1° De la répartition des crédits de prêts fixés par les articles 23 et 28 de la loi du 5 décembre 1922 et par les alinéas 1er, 2, 3 et 4 de l'article 4 de la loi du 13 juillet 1928, sous réserve de la faculté laissée par le sixième alinéa dudit article 4 de répartir les disponibilités en fin d'année suivant les besoins qui se seraient révélés ;

2° De la priorité sur le tiers des crédits accordée par l'article 19, premier alinéa, de la loi du 13 juillet 1928, pour l'exécution du programme annuel de constructions rurales ;

teur dans l'ordre suivant :

3° De la nature de l'organisme emprunteur dans l'ordre suivant :

a) Projets présentés par les offices publics d'habitations à bon marché ;

b) Projets présentés par les sociétés d'habitations à bon marché et autres organismes qui se proposent de construire des maisons ou logements destinés aux mutilés, aux familles nombreuses et aux anciens combattants dans l'ordre visé à l'article 4 ci-après :

c) Projets établis par les sociétés d'habitations à bon marché et autres organismes ;

4° Des besoins locaux en logements dans les conditions prévues par l'article 3 ci-après :

5° De la situation personnelle des occupants suivant les règles posées dans l'article 4 ci-dessous.

Art. 3. — Les besoins locaux sont appréciés, dans chaque département, par les comités de patronage des habitations à bon marché et de la prévoyance sociale qui devront tenir compte pour cette appréciation des besoins en logement signalés par les municipalités, en les rapprochant de la population des communes. Le préfet, s'il y a lieu, donnera son avis sur l'ordre de priorité dans lequel doivent être examinés les projets présentés par les comités. Le comité permanent du conseil supérieur des habitations à bon marché déterminera l'ordre dans lequel devra être effectué l'examen des projets pour toute la France.

Art. 4. — En ce qui concerne l'accession à la propriété, il sera tenu compte pour l'attribution des prêts et subventions de l'Etat de la situation personnelle des intéressés, d'après un échelonnement fixé de la manière suivante :

A. — Tout d'abord, les bénéficiaires des divers échelons de subventions prévus à l'article 11, dans un ordre décroissant à partir de l'échelon le plus élevé.

B. — Ensuite les bénéficiaires de l'article 10 en suivant l'ordre de préférence résultant de la dispense d'apport.

Dans chaque échelon ainsi fixé, la priorité s'établira comme suit :

1° Chefs de famille, pensionnés de la loi du 31 mars 1919, anciens combattants ;

2° Chefs de famille, anciens combattants ;

3° Pensionnés de la loi du 31 mars 1919, anciens combattants ;

4° Invalides du travail, anciens combattants ;

5° Chefs de famille invalides du travail ou pensionnés de la loi du 31 mars 1919, non anciens combattants ;

6° Chefs de familles ;

7° Invalides du travail ou pensionnés de la loi du 31 mars 1919, non anciens combattants.

Les veuves de guerre mères de famille, non remariées, sont assimilées aux anciens combattants.

Le classement entre les pensionnés de la loi du 31 mars 1919 et les invalides du travail, lorsqu'ils viennent en concours, sera fait d'après le taux d'invalidité.

CHAPITRE II

Conditions d'application de l'ordre de priorité

Art. 5. — Les intéressés devront fournir à l'appui de leur demande toutes les justifications répondant aux prescriptions ou conditions prévues dans les articles 2, 3, 4 du présent décret. Ces justifications devront résulter des certificats ou pièces établis par les préfets, les comités de patronage ou les autorités administratives qualifiées.

Art. 6. — Ne pourront être pris en considération, lors de la répartition des crédits d'une année déterminée, que les projets présentés avant le 1er octobre de l'année précédente. Toutefois, pour la répartition des crédits de l'année 1929, cette date est reportée au 1er mars 1929.

Art. 7. — Le ministre du travail, de l'hygiène, de l'assistance et de la prévoyance sociales, le président du conseil, ministre des finances, et le ministre de l'agriculture sont chargés, chacun en ce qui le concerne, de l'exécution du présent décret, qui sera publié au « Journal officiel » et inséré au « Bulletin des lois ».

Fait à Paris, le 20 octobre 1928.

Gaston DOUMERGUE.

Par le Président de la République :
Le Président du Conseil,
Ministre des Finances,
Raymond POINCARE.

Le Ministre du Travail, de l'hygiène, de l'assistance et de la prévoyance sociales,
Louis LOUCHEUR.

Le Ministre de l'agriculture,
Henri QUEUILLE.

Application de l'article 21 de la loi du 13 juillet 1928 concernant les caisses régionales de crédit agricole mutuel.

Le Président de la République française,

Sur la proposition du ministre du travail, de l'hygiène, de l'assistance et de la prévoyance sociales, du président du conseil, ministre des finances, et du ministre de l'agriculture,

Vu la loi du 5 décembre 1922 portant codification des lois sur les habitations à bon marché et la petite propriété et les lois qui l'ont modifiée ;

Vu la loi du 5 août 1920 portant codification des lois sur le crédit mutuel et la coopération agricole et les lois qui l'ont modifiée.

Vu la loi du 13 juillet 1928 et notamment son article 21 ;

Vu les règlements d'administration publique rendus pour l'application des lois codifiées ;

Vu le règlement d'administration publique du 18 septembre 1926 modifié le 8 septembre 1928 ;

Vu l'avis du comité permanent du conseil supérieur des habitations à bon marché,

Décrète :

Art. 1er. — Les caisses régionales de crédit agricole mutuel, qui désirent effectuer les opérations prévues par les articles 19 et 20 de la loi du 13 juillet 1928, devront insérer dans leurs statuts une disposition les habilitant expressément à faire ces opérations.

Art. 2. — Elles devront exiger de leurs emprunteurs, pour ces opérations, les garanties énumérées au titre IV de la loi du 5 décembre 1922, compte tenu des modifications apportées aux dispositions relatives à l'apport personnel des emprunteurs par l'article 10 de la loi du 13 juillet 1928.

Art. 3. — Le taux d'intérêt des prêts individuels ne devra pas excéder 2.50 p. 100. Toutefois, le ministre du travail, après avis du comité permanent du conseil supérieur des habitations à bon marché et de la commission d'attribution des prêts instituée par l'article 28 de la loi du 5 décembre 1922, peut autoriser, à titre exceptionnel, les caisses régionales qui en auraient besoin pour couvrir leurs frais généraux, à porter ce taux à 2.75 p. 100.

Art. 4. — Les caisses régionales qui désirent bénéficier des avances de l'Etat dans les mêmes conditions que les sociétés de crédit immobilier, doivent adresser au directeur général de la caisse des dépôts et consignations un dossier comprenant les justifications ci-après :

1° Deux exemplaires des statuts et des dispositions spéciales du règlement intérieur relatives au service des prêts à consentir en vertu de la loi du 13 juillet 1928 ;

2° La copie du procès-verbal de l'assemblée générale constitutive et, s'il y a lieu, des assemblées générales extraordinaires ayant modifié postérieurement les statuts ou le règlement ;

3° La liste des membres du conseil d'administration, de la commission de surveillance, ainsi que le montant des capitaux souscrits et d'indication des sommes restant à verser par les souscripteurs ;

4° Un certificat du greffe de la justice de paix où la caisse régionale a son siège principal établissant que les conditions de publicité prescrites par l'article 5 de a oi du 5 août 1920 ont été observées ou, pour les départements recouvrés, le certificat en tenant lieu ;

5° Une copie des trois derniers bilans, appuyée des rapports des conseils d'administration et des délibérations des assemblees générales les ayant approuvés;

6° Une copie de la délibération du conseil d'administration ayant décidé le dépôt à la caisse des dépôts et consignations des valeurs d'Etat ou garanties par l'Etat qui serviront à la détermination du pouvoir d'emprunt de la caisse régionale, dans les conditions prévues à l'article 9 de la loi du 13 juillet 1928; ladite délibération devra être approuvée par le ministre de l'agriculture. Pour les caisses régionales bénéficiant d'avances non encore remboursées au titre de la loi du 5 août 1920, l'approbation du ministre de l'agriculture devra être précédée d'un avis conforme et motivé du conseil d'administration de la caisse nationale de crédit agricole;

7° Le cas échéant, une copie des délibérations des conseils généraux ou des conseils municipaux qui auront garanti les emprunts de la caisse régionale dans les conditions fixées par le deuxième paragraphe de l'article 9 de la loi du 13 juillet 1928;

8° Le cas échéant, la demande motivée d'autorisation prévue à l'article 3 du présent décret.

Art. 5. — Les pièces ci-dessus énumérées serviront à l'instruction de la première demande d'avance

Lors de chacune de ses demandes subséquentes, la caisse régionale devra produire:

1° Une note générale sur la nature des opérations effectuées et sur les nouveaux besoins qu'elle se propose de satisfaire;

2° Un état détaillé des prêts individuels en cours d'amortissement, avec le nom de chaque emprunteur, la date du prêt, le prix de revient de l'immeuble, le montant des subventions allouées au titre de l'article 11 de la loi, le montant du prêt, le reste dû en capital par l'emprunteur et, s'il y a lieu, la somme restant à lui verser par la caisse régionale, le numéro de la police d'assurance en cas de décès;

3° Un état détaillé des recettes et des dépenses concernant l'application de la loi du 13 juillet 1928 depuis la date du dernier bilan produit;

4° Une copie des délibérations des nou-

velles assemblées générales qui auraient été tenues depuis sa précédente demande et, d'une manière générale, toutes justifications relatives aux modifications qui seraient survenues dans sa situation et dans son fonctionnement depuis le dépôt de son dossier primitif.

La caisse des dépôts et consignations peut, en outre, demander tous autres renseignements ou documents qui lui paraîtraient utiles.

Art. 6. — Les opérations effectuées par les caisses régionales de crédit agricole, en application des articles 19 et 20 de la loi du 13 juillet 1928, feront l'objet d'une section spéciale de leur comptabilité.

Pendant toute la durée des avances qui leur auront été consenties, les caisses régionales devront adresser chaque année à la caisse des dépôts et consignations, avant le 31 mars :

1° L'état prévu au 2° de l'article précédent, arrêté au 31 décembre ;

2° Le bilan de l'année écoulée, ainsi que le rapport du conseil d'administration et la délibération de l'Assemblée générale qui l'aura approuvé.

Elles devront fournir, en outre, tous autres renseignements qui pourraient leur être demandés sur leur situation financière.

Art. 7. — Les dispositions des articles 15, 16, 17 (premier alinéa) et 18 du décret du 24 août 1908, modifié par le décret du 3 mai 1913, concernant les contrats de prêts à établir entre les sociétés de crédit immobilier et la caisse des dépôts et consignations sont applicables aux caisses régionales qui auront obtenu des avances de l'Etat dans les conditions du présent décret.

Art. 8. — Pendant toute la durée du remboursement des avances de l'Etat, les caisses régionales ne pourront consentir valablement la cession de créances hypothécaires, garantissant le remboursement des prêts individuels consentis au moyen desdites avances, sans l'autorisation de la commission visée à l'article 28 de la loi du 5 décembre 1922.

Les remboursements des avances sont passibles d'intérêts de retard au taux de 7 % à partir de leur échéance, s'ils n'ont pas été opérés dans le mois de cette échéance.

Le recouvrement des sommes non remboursées dans un délai de trois mois et des intérêts de retard y afférents sont poursuivis par l'agent judiciaire du Trésor.

Art. 9. — Le remboursement des avances devient immédiatement exigible dans le cas de dissolution, de mise en état de faillite ou de liquidation judiciaire de la caisse et dans le cas de violation de l'article 17 du décret du 24 août 1908, modifié par le décret du 3 mai 1913.

Il est également exigible, un mois après simple mise en demeure, par lettre recommandée, au cas de défaut de payement des annuités dans un délai d'un an, ou au cas de non-production des justifications prévues au contrat de prêt.

Art. 10. — Les dispositions de l'article 34 de la loi du 5 décembre 1922, modifié par l'article 3 de la loi du 10 avril 1925 et par l'article 31 de la loi du 30 janvier 1926 sont applicables aux caisses régionales qui affectuent les opérations visées par le présent décret. Les caisses restent également soumises, pour ces opérations, au contrôle de l'inspection générale des associations agri-

coles et des institutions de crédit et, au cas
où elles bénéficieraient, au titre de la loi du
5 août 1920 ,d'avances non encore remboursées, au contrôle de la caisse nationale de
crédit agricole.

Art. 11. — Le ministre du travail, de
l'hygiène, de l'assistance et de la prévoyance sociales, le président du conseil, ministre
des finances, et le ministre de l'agriculture
sont chargés, chacun en ce qui le concerne,
de l'exécution du présent décret, qui sera
publié au « Journal Officiel » de la République française et inséré au « Bulletin des
Lois ».

Fait à Paris, le 20 octobre 1928.
Gaston DOUMERGUE.

Par le Président de la République :
Le Président du Conseil,
Ministre des Finances,
Raymond POINCARE.

Le Ministre de l'agriculture,
Henri QUEUILLE.

Le ministre du travail, de l'hygiène,
de l'assistance et de la prévoyance
sociales,
Louis LOUCHEUR.

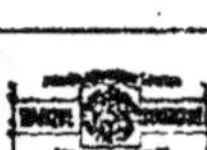

Imprimerie Spéciale des Editions HAYARD, 8, Rue du Croissant, PARIS (2e).
R. C. Seine : 78 96.
Travail exécuté par des Ouvriers Syndiqués.

www.ingramcontent.com/pod-product-compliance
Lightning Source LLC
LaVergne TN
LVHW050238060726

842525LV00007B/2729